読誦ミサの侍者奉仕

ウイリアム・オブライエン　著
Rev. William A. O'Brien M.A.

加藤肇　訳
Hajime Kato

Nihil Obstat:

Jeremiah J. Brennan, M.A.

Censor Deputatus

Imprimatur:

✠ Francis Cardinal Spellman

Archbishop of New York

May 9, 1961

HOW TO SERVE LOW MASS AND BENEDICTION

PUBLISHED BY

BENZINGER BROTHERS IN 1962.

<ruby>読<rt>どく</rt>誦<rt>しょう</rt></ruby>ミサの<ruby>侍<rt>じ</rt>者<rt>しゃ</rt>奉<rt>ほう</rt>仕<rt>し</rt></ruby>

どくしょうみ さ の じしゃほうし
読 誦 ミサの侍者奉仕

著者 ウイリアム・オブライエン

訳者 加藤肇

発行所 株式会社Stトマス

〒102-0084

東京都千代田区二番町 5-2 麹町駅プラザ 901

電話 03-6869-1727

2015 年 12 月 5 日 初版発行

ISBN978-4-9908645-3-8

目次

少年達への言葉

　少年にとって神の祭壇で奉仕することを許されることは非常な名誉である。実際、侍者は王の中の王の宮廷での給仕の1人である。内陣で最大の敬意を示し、聖なる儀式の間に的確な注意を払い、自分の役割を可能な限り完全に学ぶことにより、この非常な名誉を享受するべきである！　この小さな本はこれを行うのを助けるために用意された。

　祭壇で使用される全てのための正しい名前と場所を知ることができるように、香部屋及び内陣、聖器、祭服の絵が以下のページで示されている。

　この本の主要な部分は、侍者のラテン語の応答を教え、読誦ミサに奉仕する時の動きと位置を指示している。この本のミサの節は一度に少しを、そして良く習得できるように、5つの課に分けられている。

　各ラテン語の発音がすぐ上に書かれているため、ラテン語の発音が容易になるようにされている。例えば、最初の応答はこのように書かれている[1]。

　　アド　デウム　クィー　レティフィカット｜ユヴェントゥーテム　メアム
S.　Ad Deum, qui　lætíficat　iuventútem　meam.

　小さな印（ ' ）はアクセントのある音節を示している。単語の間の縦の線は休止を示している。

　この小さな本に精通することで、信心深さと清潔さ、良い態度があわさり、素晴らしい侍者になるであろう。

著者

---

[1] 原書では英単語による発音が示されているが、読者の便のためにカタカナに変更した（訳者）。

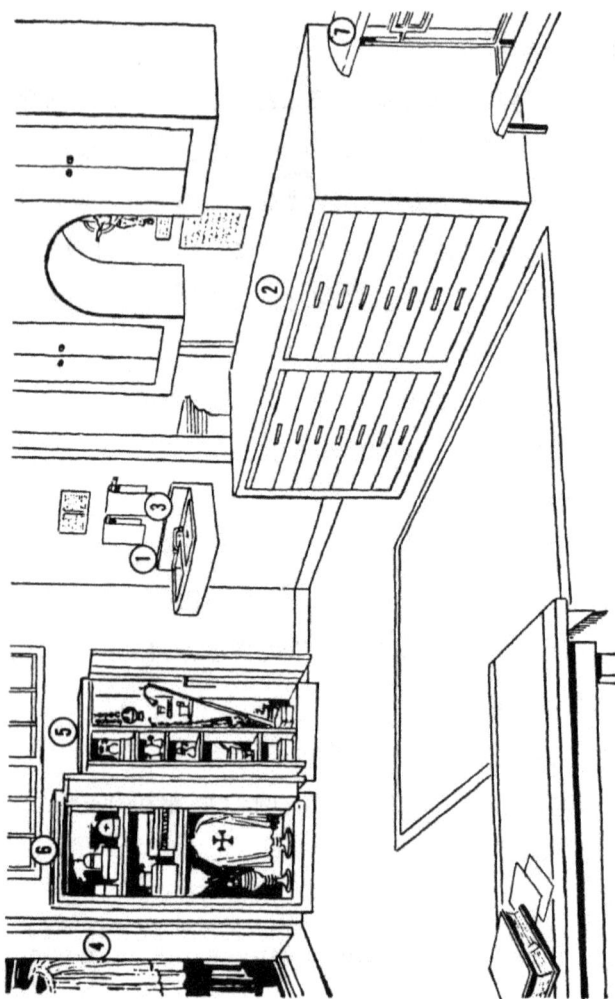

香部屋　この絵は香部屋が通常どのように配置され、何が含まれているかを示している。各調度品の名前は反対側のページの一覧にあり、絵の中の数字と一致している。

香部屋

　香部屋は司祭がミサのための準備と着衣を行う場所である。どの物にも決まった場所があるため、全ての物がどこにあるかわかるように、香部屋に通じていること。ミサの数分前に香部屋に到着するべきである。カソックとスルプリを着たらすぐに、

2

ワインと水の瓶、指洗いのボウル、手拭きを内陣の祭器卓の上に置く。2本のろうそくに、祭壇の書簡側、次いで祭壇の福音書側で点火する。香部屋にいる間、常に静粛を守り、必要な手伝いをする準備ができているようにする。

香部屋の物品一覧

1、*Lavabo* あるいは洗面台、及びタオル掛け。ここで司祭はミサのための着衣を始める前に手を洗う。

2、着衣机。ここで、司祭が着衣する順に、祭服が広げて準備される。しばしばこの着衣机には、祭服及びリネン類、ミサ典書等を保管するための引き出しと小さな戸棚もある。この机の上方には一般的に十字架が掛けられる。司祭が着衣の間に唱える祈祷文や司教の意向等のためにミサで唱えるよう促されている他の一定の祈祷文が含まれているカードも、この机の上方に掛けられるか机の上に置かれる。

3、*Sacrarium* サクラリウム。これはカリスやチボリウム、他の聖器、及び聖器と直接関連して使用された小リネン類を洗ってきれいにするために使用される洗面器である。ここではまた、司祭は一定の儀式の後で手を洗う。サクラリウムには地面に接続された排水管があり、ここから流れる水が地中に行くようになっている。侍者はサクラリウムの内面あるいはどの聖器にも、これらの物への敬意のため、触れるべきではない。

4、洋服箪笥とクローゼット。これらは全ての種類の祭服を掛けるために使用される。時に、これらには祭服を水平に置く引き出しもある。

５、保管庫。通常鉄製で、この中で香炉、香舟、灌水器、灌水棒のような物品や香や小ろうそく等の消耗品を保管する。

６、カリスやオステンソリウム（時に monstrance モンストランスと呼ばれる）等の聖器や教会の帳簿、他の大切な物を保管するための鉄製の金庫。

７、跪き台（prie-dieu とも呼ばれる）。これは一般的に、司祭がミサの準備あるいはミサ後の感謝のための祈祷文を唱えるために使用される。

ろうそくの点火と消火

ろうそくを点火する時には、常に祭壇の*書簡側*のろうそくを最初に点火する。*最も高く、最も十字架に近い*ろうそくから始める。次いで、次に最も高く、最も十字架に近いろうそくと続ける。書簡側を終えた時、同じ順序を守りながら、福音書側のろうそくを点火する。ろうそくを消火する時には、祭壇の*福音書側で最も低く、最も十字架から離れた*ろうそくから始める。次いで、次に最も低く、最も十字架から離れたろうそくへと続ける。福音書側の消火の後で、同じ順序で書簡側のろうそくの消火を行う。

カリスとカリスの覆い方

着衣の前に、司祭は最初にカリスを着衣机の上に置き、プリフィカトリウムと呼ばれる細く折り畳んだ１枚のリネンをカリスの上に掛ける。次いで、その上に、ミサで聖別されるホスチアをのせたパテナと呼ばれる金色の皿を置く。この上にパラと

呼ばれるリネンで覆われたカードを置く。次いで、全てをカリスベールで覆う。最後に、覆われたカリスの上に、コルポラーレと呼ばれる折り畳んだリネンの布が入ったブルサを置く。

カリス

カリスと
プリフィカトリウム

カリス、
プリフィカトリウム、
ホスチアをのせたパテナ

カリス、プリフィカトリウム、
パテナ、パラ

コルポラーレとブルサ

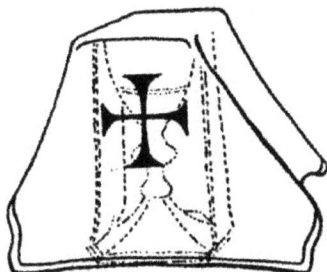

全てがカリスベールで覆われている。カリスベールの下の各部分に注意。

完全に覆われたカリス

司祭がミサを唱えるために着衣する方法

　絵から祭服の名前を順に学ぶこと。侍者は司祭の着衣を手伝う。司祭がアルバを着た後で、右手で房を持ちながらチングルムを司祭に手渡す。次いで、アルバの裾が全周にわたり等しい高さであることを確認する。

肩衣を着た司祭　　　　　　アルバを着た司祭

チングルムを調整　　　　　左腕にマニプル
している司祭　　　　　　　をつけている司祭

ストラを身につけた司祭　　　着衣を終えた
　　　　　　　　　　　　　　カズラ姿の司祭

ミサで使用される祭服と聖器の名前がわかったので、ミサが
ささげられる教会の一部である内陣に入る準備ができている。

内陣での物の一覧

　内陣の絵を見てみよう。ここでミサの聖なる犠牲がささげら
れる。9ページの絵はミサのために必要な全てを示し、内陣で
の物の正確な名前を教えている。

1、十字架

2、祭壇の天蓋、あるいは王座

3、ベールで覆われた聖櫃

4－9、大燭台

10－11、小燭台（読誦ミサのために点火される）

12－14、祭壇カード（大きなカードは中央にあり、司祭が奉献
とカノンで読む祈祷文が含まれている。書簡側の小さなカード

には奉献の後で司祭が手を洗う時に読む祈祷文が含まれている。福音書側の小さなカードにはミサの最後の福音書で司祭が唱える聖ヨハネの福音書の最初の14節が含まれている。）

15、第1の壇

16、第2の壇

17、Mensa メンザ、あるいは祭壇のテーブル

18、祭壇布（1枚の蝋を塗ったリネンの布、及び他の3枚のリネンの布が祭壇のテーブルを覆っている。一番上のリネンの布は祭壇の両端から祭壇の床まで垂れている。）

19、Antependium アンテペンディウム、あるいは Frontal フロンタル

20、祭壇の福音書側

21、祭壇の書簡側

22、内陣の床

23、Predella プレデラ、あるいは祭壇の壇（時に Footpace と呼ばれる）

24、祭器卓

25、水とワインの瓶

26、指洗いのボウル

27、手拭き

28、聖体拝領用パテナ

29、Sedilia、あるいは司祭の椅子

30、鈴

31、聖体拝領台

32、祈祷文のカード

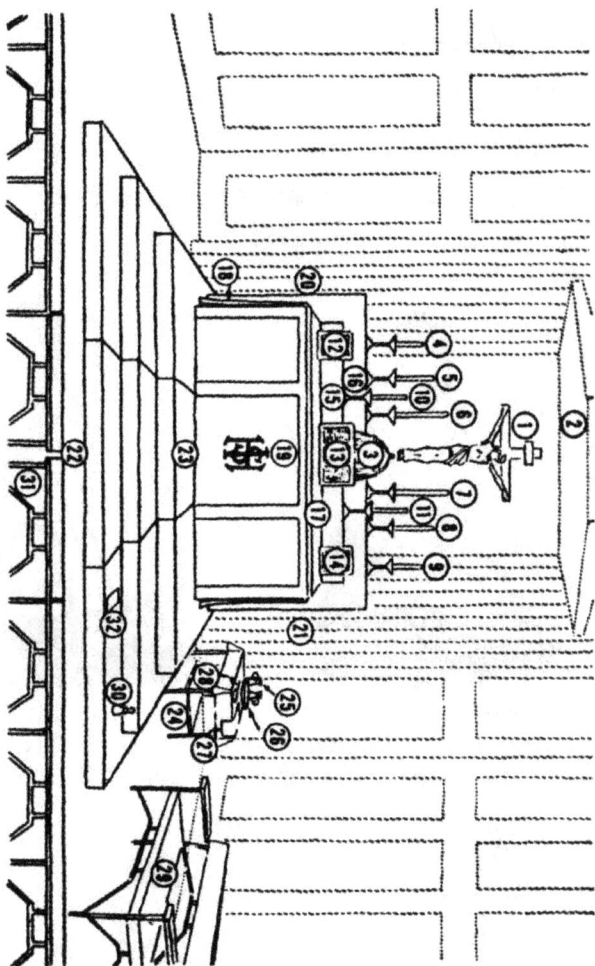

内陣　この内陣の絵で示されている各物品は7ページから始まる一覧の番号に対応している。

ミサ中の適切な姿勢

　以下の絵は、侍者が跪き、お辞儀をし、片膝をつく様々な時のふるまい方を示している。これらの絵はまた、両手がふさがっていない時に両手を保つ適切な方法も示している。跪いている時には、靴をカソックで覆う。

片膝をつく　*体と頭はまっすぐに。右膝は左踵の横で床に触れる。*

跪く　*体と頭はまっすぐに。両側の手のひらを合わせて胸の前に。*

簡単なお辞儀　*体と肩はまっすぐに。頭をわずかに前方に曲げる。*

深いお辞儀　*体はまっすぐに。示されているように頭と肩を前方に曲げる。*

ミサ

第1課　ミサの始まりから入祭文まで

　司祭が着衣し、ミサのために香部屋を出発する準備ができた後で、司祭とともに着衣机の上方の十字架にお辞儀をして、両側の手のひらを胸の前で合わせて祭壇まで司祭の前（あるいは慣習に従って司祭の右側）を歩く。内陣のドアの所に聖水盤がある場合、右手の指を聖水盤の中に浸して、司祭の伸ばした指先に触れ、次いで自身に十字の印をする。内陣のドアのところに鈴がある場合、鈴を鳴らして会衆に司祭の入堂を知らせる。祭壇に着いたらすぐに、司祭の少し右側で立つ。司祭がビレッタを手渡した時、ビレッタを最も近い端で受け取り、司祭とともに片膝をつき、ビレッタを sedilia の上に置く。祭壇の階段の中央に戻って来て、片膝をつき、福音書側に約2フィート（約60cm）移動する。司祭がミサを始めるために下りて来るまで立ったままでいる（あるいは慣習である場所では、すぐに床で跪く）。

1　①は祭壇に到着した時にいるべき位置を示す。侍者はビレッタを決められた位置に置く。＋は祭壇の中央を通る時に片膝をつくことを示す。③は司祭が下りてくるのを侍者が待つ位置を示す。

司祭が下りて来て、祭壇を向きながら立つ時、侍者は床で跪き、頭をまっすぐにして両側の手のひらを合わせて、司祭とともに十字の印をする。

2　これは階段祈祷を始める時の侍者の位置を示している。

階段祈祷

P.　*Introíbo ad altáre Dei.*

アド　デウム　クィー　レティフィカット｜ユヴェントゥーテム　メアム
S.　Ad Deum, qui　lætíficat　iuventútem meam.

注：黒の祭服で行われるミサ（死者のためのミサ）では、規則により、線を引いた以下の部分を省く。

P.　*Iúdica me, Deus, et discérne causam meam de gente non sancta; ab hómine iníquo et dolóso érue me.*

12

クィア トゥー エス デウス｜フォルティトゥード メア｜クァーレ
メー レプリスティ｜エト クァーレ トゥリスティス インチェド｜
ドゥム アフリジット メー イニミークス

S. Quia tu es, Deus, fortitúdo mea: quare
me repulísti, et quare tristis incédo,
dum afflígit me inimícus?

P. *Emítte lucem tuam et veritátem tuam: ipsa me*
deduxérunt et adduxérunt in montem sanctum tuum,
et in tabernácula tua.

エト イントロイーボ アド アルターレ デイー｜アド デウム
クィー レティフィカット｜ユヴェントゥーテム メアム

S. Et introíbo ad altáre Dei: ad Deum
qui lætíficat iuventútem meam.

P. *Confitébor tibi in cíthara, Deus, Deus meus: quare tristis*
es, ánima mea, et quare contúrbas me?

スペーラー イン デオー｜クォニアム アドフック コンフィテボル
イリー｜サルーターレ ヴルトゥス メイ｜エト デウス メウス

S. Spera in Deo, quóniam adhuc confitébor
illi: salutáre vultus mei, et Deus meus.

ここで司祭が唱える間、司祭とともに頭を下げる。

P. *Glória Patri, et Fílio, et Spirítui Sancto.*

シークット エラット イン プリンチピオー｜エト ヌンク エト
センペル ｜ エト イン セクラ セクロールム アーメン

S. Sicut erat in princípio, et nunc, et
semper: et in sǽcula sæculórum. Amen.

P. *Introíbo ad altáre Dei.*

アド デウム クィー レティフィカット｜ユヴェントゥーテム メアム

S. Ad Deum qui lætíficat iuventútem meam.

司祭が唱える時、司祭とともに十字の印をする。

P.   Adiutórium nostrum in nómine Dómini.

クィー　フェチット　チェルム　エト　テラム
S.   Qui   fecit   cælum et terram.

司祭が低くお辞儀をして Confiteor を唱える間、まっすぐに跪
いている。

P.   Confíteor Deo omnipoténti,   等

注意して聞き、司祭が Confiteor の最後の言葉 "ad Dóminum
Deum nostrum" を唱える時、頭を少し下げて、同時に司祭の
方を向いて唱える。

ミゼレアートゥール　トゥイー　オムニポテンス　デウス｜エト
ディーミスィス　ペカーティース　トゥイース　ペルドゥーカット　テー
アド　ヴィータム　エテルナム
S.   Misereátur   tui,   omnípotens   Deus,   et,
     dimíssis   peccátis   tuis,   perdúcat   te
     ad vitam ætérnam.

次いで司祭が答える。

P.   *Amen.*

次に、祭壇に向かって頭と肩を低く下げ、唱える。

コンフィテオール　デオー　オムニポテンティー｜ベアテ　マリエ
センペル　ヴィルジニー｜ベアトー　ミカエリー　アルカンジェロー｜
ベアトー　ヨアンニー　バプティステ　サンクティース　アポストリース
ペトロ　エト　パウロ｜オムニブス　サンクティース
S.   Confíteor   Deo   omnipoténti, beátæ Maríæ
     semper Vírgini, beáto Michaéli   Archángelo,
     beáto Ioánni   Baptístæ, sanctis Apóstolis
     Petro et Paulo, ómnibus Sanctis,

14

この時、下げた頭を司祭の方に向けて唱える。

エト　ティビ　｜　パテル
et　tibi,　Pater:

再び祭壇の方を向きながら続ける。

クィア　ペカーヴィ　ニミス　｜　コジタツィオーネ　｜　ヴェルボ　｜
エト　オペレ
quia peccávi nimis　cogitatióne　　verbo,
et　ópere:

胸をたたいて唱える。

メア　クルパ
mea culpa,

再び胸をたたいて唱える。

メア　クルパ
mea culpa,

胸を3回目にたたいて唱える。

メア　マキシマ　クルパ｜イデオー　プレコール　ベアタム　マリアム
センペル　ヴィルジネム｜ベアトゥム　ミカエルム　アルカンジェルム｜
ベアトゥム　ヨアネム　バプティスタム　サンクトース　アポストロース
ペトルム　エト　パウルム　オムネース　サンクトース
mea máxima culpa. Ideo precor beátam Maríam
semper Vírginem, beátum Michaélum Archángelum,
beátum Ioánnem Baptístam, sanctos Apóstolos
Petrum et Paulum, omnes Sanctos,

この時、司祭の方を向いて唱える。

エト　テー　パテル
et　te, Pater,

再び祭壇を向いて続ける。

オラーレ　プロー　メー　｜　アド　ドムヌム　デウム　ノストルム
oráre　　pro me　　ad Dóminum Deum nostrum.

司祭が唱える間、頭と肩を下げたままでいる。

P. *Misereátur vestri, omnípotens Deus, et, dimíssis peccátis vestris, perdúcat vos ad vitam ætérnam.*

まっすぐに跪き、答える。

アーメン
S. Amen.

司祭が唱える時、司祭とともに十字の印をする。

P. *Indulgéntiam, absolutiónem, et remissiónem peccatórum nostrórum tríbuat nobis omnípotens et miséricors Dóminus.*

アーメン
S. Amen.

以下の応答の間、頭を少し下げる。

P. *Deus, tu convérsus vivificábis nos.*

エト　プレプス　トゥア　レタビトゥール　イン　テー
S. Et plebs tua lætábitur in te.

P. *Osténde nobis, Dómine, misericórdiam tuam.*

エト　サルーターレ　トゥーム　ダー　ノービス
S. Et salutáre tuum da nobis.

P. *Dómine, exáudi oratiónem meam.*

エト　クラモール　メウス　アド　テー　ヴェニアット
S. Et clamor meus ad te véniat.

P. *Dóminus vobíscum.*

エト　クム　スピリトゥー　トゥオー
S. Et cum spíritu tuo.

　すぐに立ち上がり（慣習である場所では、司祭が祭壇の階段を上る時に、司祭のアルバを少し持ち上げる）、片膝をつかずに、福音書側の角に行き、最下段で跪く。ミサの間中ずっと、両手がふさがっている時を除き、両手を合わせている。

　侍者は様々な祈祷文やミサの固有文・通常文を追うために信者用ミサ典書を使用することを望んでも良い。ミサ典書を使用する場合、司祭について行き、適切な時に司祭の祈祷文と合図に答えるように十分に注意していること。

3　これは司祭が祭壇に上った後の侍者の位置を示している。侍者はミサ典書と反対側の最下段で跪いている。

第2課　入祭文から奉献まで

入祭文及びキリエ、グロリア、集祷文

　司祭は階段を上り、書簡側（右側）のミサ典書の所に行き、入祭文を読む。司祭とともに十字の印をする。位置についての注意：侍者はミサ典書の反対側で対角線上にいる。これはミサの残り全てを通じた規則である。

　入祭文は通常、聖書からの短い朗読である。司祭はすぐに祭壇の中央に戻って以下を唱えるため、注意している。

P.　*Kýrie, eléison.*

侍者は答える。

　　　キリエ　　エレイソン
S:　Kýrie, eléison.

P.　*Kýrie, eléison.*

侍者は答える。

　　　クリステ　　エレイソン
S:　Christe, eléison.

P:　*Christe, eléison.*

再度、侍者は答える。

　　　クリステ　　エレイソン
S:　Christe, eléison.

P.　*Kýrie, eléison.*

侍者は答える。

S:　Kýrie, eléison.

<ruby>キリエ<rt> </rt></ruby>　エレイソン

P.　*Kýrie, eléison.*

　司祭は祭壇の中央で立ったままでいて、*グロリア*を唱える（*グ
ロリア*は、時に省略される）。次いで司祭は祭壇にキスをして、
会衆の方を向いて、唱える。

P.　*Dóminus vobíscum.*

これに侍者は答える。

エト　クム　スピリトゥー　トゥオー
S.　Et cum　spíritu　tuo.

　司祭はこの時、ミサ典書の所に行き、*集祷文*と呼ばれるミサ
の祈祷文を読む。司祭はこの祈祷文を読む間、両手を広げて伸
ばしているが、終わりに両手を合わせて唱える。

P.　*Per ómnia sǽcula sæculórum.*

注意していて、答える。

アーメン
S.　Amen.

　司祭は2つ以上の祈祷文を読むかもしれないが、多くても
Per omnia saecula sæculorum を2回唱えるのみである。この
言葉を聞いた時にはいつも、次を答える。

アーメン
S.　Amen.

19

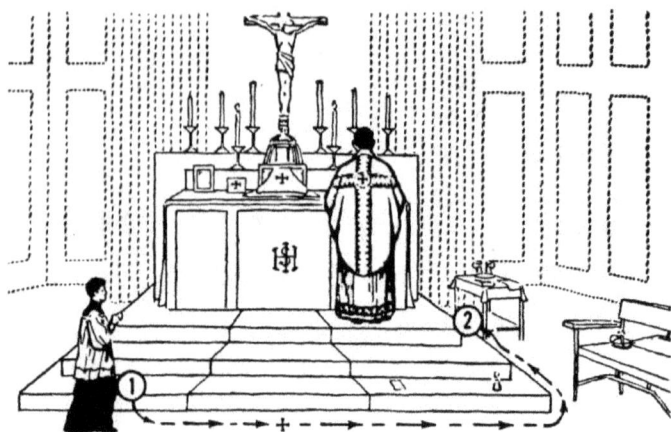

4 矢印は侍者がミサ典書を持ちに進む方向を示している。

書簡

　集祷文を唱えた後で、司祭は両手をミサ典書の両側に置き、*書簡*を読む。司祭を注意して見ていること。司祭は書簡を読み終えた時に、頭を侍者に向かってわずかに向けるか、左手を祭壇の上に下ろすかのどちらかで侍者に合図を行うであろう。この合図を見た時、侍者は唱える。

　　デオー　グラツィアース
　　Deo　grátias.

　次いで、立ち上がり、中央を通る時に片膝をつきながら祭壇の書簡側まで―急がずに―歩き、書簡側の脇の階段を上り、司祭が祭壇の中央に向かって歩き出すまで祭壇の壇の下の段で待つ（侍者は司祭の方を向きながら立っても良いし、司祭と同じ方向を向いても良い）。

5　矢印はミサ典書を書簡側から福音書側に移動させる方向を示している。

　この時、ミサ典書をのせた書見台をしっかりと持ち、聖櫃に向かってわずかにお辞儀をする。左側を向き、正面の階段を祭壇中央の床まで斜めに下りる。床で片膝をつき、正面の階段を反対側まで斜めに上る。ミサ典書をのせた書見台を、祭壇の福音書側に、いくぶん祭壇の中央に向けて置く。次いで祭壇の壇の下の最上段で立ち、司祭の方を向く。

　この時の絵を見ること。

　侍者がミサ典書を持って左側に回り、ミサ典書を祭壇の福音書側に置く時にミサ典書を少し祭壇の中央に向けることを憶えていること。

注：場所によっては、侍者はミサ典書を移動させる時に、脇の階段を下りて、祭壇の中央を通る時に片膝をつき、福音書側の脇の祭壇を上る。

6　この絵は司祭と侍者が自身に十字の印をしているところを
示している。

福音書

　司祭が*福音書*を読むためにミサ典書の所に来る時、司祭は唱
える。

P.　*Dóminus vobíscum.*

侍者はすぐに答える。

　　　エト　クム　スピリトゥー　トゥオー
S.　**Et cum　spíritu　tuo.**

　この時、司祭がミサ典書と司祭自身に十字の印をするのを見
る。同時に、侍者は開いた右手の親指の腹で額・唇・胸の中央
に十字の印をする。

　司祭は自身に十字の印をする間、唱える。

*7　矢印は侍者が福音書側の司祭の元を離れて書簡側に戻る時の
　方向を示している。*

P.　*Sequéntia sancti Evangélii, etc.*

これに侍者は答える。

　　グローリアー　ティビ　ドミネ
S.　Glória　tibi,　Dómine.

　すぐに司祭にお辞儀をしながら、右側に回り、脇の階段を床
まで下りる。祭壇の中央を通る際に片膝をつきながら、書簡側
まで歩く。福音書の朗読の間、立ったままでいて、少し司祭の
方を向く。司祭が福音書の朗読を終えた時、侍者は唱える。

　　ラウス　ティビ　クリステ
Laus tibi, Christe.

そしてすぐに最下段で跪く。

司祭がクレドを唱えるかどうかに関わらず、侍者は跪いたまでいる。司祭がクレドを唱える場合、司祭が "*et incarnatus est* 等" の言葉で片膝をつく時に、侍者は敬意をもって頭を下げる。クレドの終わりに（あるいはクレドが唱えられない時には福音書の後で）、司祭は会衆の方を向いて唱える。

P.　*Dóminus vobíscum.*

これに侍者は常に答える。

　　エト　クム　スピリトゥー　トゥオー
S.　Et cum　spíritu　tuo.

第3課　ミサの奉献

奉献

　司祭は祭壇を向いて、この時、*奉献唱*と呼ばれる短い祈祷文を読み、この終わりにカリスの覆いをはずす。

　司祭がカリスからカリスベールをはずしてカリスベールを司祭の右側の祭壇の上に置いたらすぐに、侍者は立ち上がり、片膝をつかずに、瓶を持ちにまっすぐ祭器卓に行く。

　ワインの瓶を右手に、水の瓶を左手に持ち、書簡側の脇の階段を祭壇の壇の下の段まで上り、ここで福音書側を向いて立つ。

8　矢印は祭器卓に行き、水とワインを祭壇に持って行くための方向を示している。

注：書簡でのように、侍者が瓶を運ぶ時、侍者は司祭と同じ方向を向きながら立ち司祭が侍者に近づく時に福音書側を向くように回っても良いし、あるいは、始めから福音書側を向きながら立っても良い。書簡、及び、水とワインの瓶を差し出す時、司祭の指を洗う時、聖体拝領後のすすぎで、これらの姿勢の内のどちらを用いても良い。

　司祭が侍者に向かって来たらすぐに、わずかにお辞儀をして、司祭に瓶を差し出すが、どちらの瓶にも差し出す前にキスをする。瓶を底で持ち、取っ手をいくぶん司祭の方に向ける。どちらの瓶も右手で差し出すことを覚えておくように。司祭がワインの瓶を受け取ったらすぐに、水の瓶を左手から右手に移す。ワインの瓶は司祭から左手で受け取るが、水の瓶は右手で受け取る。両方の瓶を受け取り、両方の瓶にキスをしたらすぐに、司祭にわずかにお辞儀をして、瓶を祭器卓に戻す。

9　矢印は祭器卓で瓶と手拭き、ボウルを持ち、手を洗うために祭壇に戻る方向を示している。

この時、手拭きを持ち、広げて、左腕に掛ける。ボウルあるいは皿を左手に持ち、水の瓶を右手に持つ。同じ段に戻り、前のように向いている。

Lavabo

司祭が侍者に近づく時に、侍者はお辞儀をする。ボウルあるいは皿を司祭の指の下方で近くに保持して、司祭の指の上から水をやさしく注ぐ。少し右側を向いて、司祭が侍者の左腕から手拭きを取りやすいようにする。司祭が手拭きを侍者の腕に掛けるまで、この姿勢で立ったままでいる。

次いで司祭にわずかにお辞儀をして、瓶及び手拭き、ボウルを祭器卓に戻す。

片膝をつかずに、書簡側の定位置に戻り、両手を合わせて最下段でまっすぐに跪く。

10　この絵は、司祭の指の上に水を注ぐための瓶とボウルの持ち方を示している。

*11 矢印は瓶と手拭き、ボウルを祭器卓に戻し、次いで書簡側の
定位置に戻る方向を示している。*

　司祭が会衆の方に回って次を唱える時、侍者はかろうじて書
簡側の定位置に到着しているであろう。

P.　*Oráte, fratres.*

　司祭が再び祭壇を向くまで待ち、頭と肩をわずかに下げなが
ら（慣習である場合には、まっすぐでいながら）すぐに答える。

　　　スシピアット　ドミヌス　サクリフィチウム　デー　マニブス
　　　トゥイース｜アド　ラウデム　エト　グローリアム　ノミニス　スイー｜
　　　アド　ウティリターテム　クォクェ　ノストラム｜トティウスクェ
　　　エクレジエ　スエ　サンクテ

S.　Suscípiat Dóminus sacrifícium　de mánibus
　　tuis　ad　laudem, et glóriam nóminis sui,
　　ad utilitátem　quoque　nostram, totiúsque
　　Ecclésiæ suæ sanctæ.

第4課　ミサのカノン

　この時、鈴が手元にあることを確認して、まっすぐに跪いたままでいる。間もなく司祭がミサの奉献を密唱の結語で終えることになるため、注意して聞いている。

P.　*Per ómnia sǽcula sæculórum.*

S.　アーメン
　　Amen.

序唱

　次いで、司祭はミサのカノンを、序唱と呼ばれる導入の祈祷文で始める。司祭は叙唱をこれらの言葉で始める。

P.　*Dóminus vobíscum.*

　　エト　クム　スピリトゥー　トゥオー
S.　**Et cum　spíritu　tuo.**

P.　*Sursum corda.*

　　ハベームス　アド　ドミヌム
S.　**Habémus ad　Dóminum.**

P.　*Grátias agámus Dómino Deo nostro.*

　　ディーニュム　エト　ユーストゥム　エスト
S.　**Dignum　et　iustum　est.**

　次いで司祭は序唱自体を声を出して読む。最後の言葉 "*dicentes*"で、司祭は低くお辞儀をして、"*Sanctus, Sanctus, Sanctus,* 等"を唱える。この言葉の所で侍者はすぐに鈴を3回鳴らし、その後、両手を合わせてまっすぐに跪く。

12　この絵は司祭が Hanc Igitur を唱え、カリスの上で手のひらを 下に両手を広げる時を示している。この時、侍者は鈴を鳴らす。

注：教会によっては、ミサのこの部分で3本目のろうそくに点 火し、聖体拝領後に消火する。

Hanc Igitur

　司祭はいくつかの祈祷文を唱えた後で、両手を合わせて、手 のひらを下にしていけにえの上で両手を広げる。司祭は祈祷文 *Hanc igitur* を唱える。この時、侍者は鈴を鳴らして合図をし て、聖変化の時間が近づいていることを知らせる。

　その後、立ち上がりながら鈴を持ち、中央に行き、片膝をつ き、階段を上り、31ページの絵のように司祭の少し右側で、祭 壇の壇の端に跪く。

聖変化

　この時、ミサの最も荘厳な時—*聖変化*—であり、侍者は何が 起ころうとしているかを理解するように努めるべきである。

13 矢印は聖変化のために祭壇の壇での位置に行く方法を示している。

　司祭はこの時、パンとワインを我らの神なる主の聖なる御体と御血に変化させようとしている。司祭はキリストを天の御父にいけにえとして奉げようとしている。

　外的な敬意が真の内的な感情を表すようにしよう。

聖体の奉挙

　所定の位置で跪きながら、司祭が片膝をついた時にカズラに触れず、深くお辞儀をして鈴を鳴らす。次いで、まっすぐに跪きながら、左手でカズラの下端を少し持ち上げ、再び鈴を鳴らし、司祭が聖体を頭上に持ち上げる時に聖体を見る。司祭が聖体を祭壇の上に置いた時、カズラを放し、司祭が再び片膝をつく時に頭を下げて鈴を鳴らす。

注：聖体を見て「我が主、我が神よ」と唱えることで、7年間の贖宥が得られる。

カリスの奉挙

　同じ姿勢のままでいて、聖体の聖変化のために行ったのと同じことを行う。すなわち、（1）深くお辞儀をする。（2）司祭が片膝をつく時に鈴を鳴らす。（3）司祭がカリスを奉挙する時にカズラの端を右手で少し持ち上げ、右手で鈴を鳴らす。（4）司祭がカリスを祭壇の上に置く時にカズラを放す。（5）司祭が片膝をつく時に、頭を下げて鈴を鳴らす。

　次いで、立ち上がり（鈴を持つことを覚えていること）、祭壇の中央まで階段を下る。片膝をつく、書簡側に行き、聖変化前に跪いていた場所で跪く。

　この時から聖体拝領まで、この位置にいる。

　司祭は次いでいくつかの祈祷文を低い声で唱える。司祭をよく見ている。司祭は片膝をついた後で以下を唱える。

P.　*Per ómnia sǽcula sæculórum.*

侍者は答える。

　　　アーメン
S.　**Amen.**

14　矢印は書簡側に戻る時の方向を示している。

第5課　聖体拝領からミサの終わりまで

Pater Noster

　司祭は次いで *Pater Noster* を唱える。注意していれば、司祭が最後に以下を唱えるのを聞くであろう。

P.　*Et ne nos indúcas in tentatiónem.*

すぐにこれに答える。

　　　セッド　リーベラ　ノース　アー　マロー
S.　Sed　líbera nos　a　malo.

片膝をついた後で、司祭は唱える。

P.　*Per ómnia sǽcula sæculórum.*

　　アーメン
S.　Amen.

P.　*Pax Dómini sit semper vobíscum.*

　　エト　クム　スピリトゥー　トゥオー
S.　Et cum　spíritu　tuo.

　司祭は再び片膝をつき、毎回胸をたたきながら、声を出して *Agnus Dei* 等を3回唱える。

司祭の聖体拝領

　前かがみになった司祭は、聖体拝領の準備のためにいくつかの祈祷文を静かに唱え終えている。

　両手を合わせてまっすぐに跪き、やがて司祭が片膝をつき左手で割かれた聖体をパテナを下に保持しながら持つのに気付く

ように。次いで司祭は3回胸をたたき、毎回 *Domine non sum dignus* 等を唱える。司祭が胸をたたく毎に、ミサの聖体拝領の合図として、鈴を鳴らす。

15　この絵は司祭が聖体を拝領しようとしている時の司祭の動作を表し、侍者に鈴を鳴らす時を示している。

　司祭は聖体を拝領した後で、カリスからパラをはずし、片膝をつき、コルポラーレの上にあるかもしれない聖なる破片をパテナで集める。

注：ミサ中に会衆に聖体が与えられる場合に行わなければならないことに関する 41 ページの指示を参照。

　司祭がカリスからパラをはずしたらすぐに、侍者は立ち上がり、片膝をつかずに、ワインと水の瓶を持ちにまっすぐに祭器卓に向かう（図 16 を参照）。次いで、脇の階段まで進み、内陣の床で片膝をついて、祭壇の壇の下の段まで上り、司祭が御血

16　矢印は祭壇に瓶を持って行くために祭器卓に行く方向を示している。

を拝領する間わずかに頭を下げてそこにとどまる（立つ位置については、43 ページの注を参照）。聖体が配られない場合は、以下のように続く。

　司祭は御血を拝領した時、祭壇の中央で立ったままでいて、次いで、カリスを侍者の方に差し出す。司祭の方に向かって進み、お辞儀をして、侍者がワインを注ぐのを止める合図として司祭がカリスをわずかに持ち上げるまで、カリスの中にいくらかワインを注ぐ。瓶がカリスに触れないように注意すること。次いで、お辞儀をして、戻り、前のように段で立つ。

　司祭がカリスを持って侍者の方に来る時、侍者はわずかにお辞儀をして、次いで司祭の指の上に最初にワインを、次いで水を注ぐ。瓶が司祭の指に触れないように注意すること。司祭が祭壇の中央に戻るために回ったらすぐに、わずかにお辞儀をして、祭器卓に戻り、瓶を祭器卓に置く。

祭器卓を離れ、祭壇の中央に戻り、片膝をつき、祭壇周囲を歩き続け、祭壇の福音書側まで脇の階段を上る。ミサ典書の所見台とミサ典書をつかみ、祭壇に向かってわずかにお辞儀をして、正面の階段を斜めに下りて、片膝をつき、祭壇の書簡側まで斜めに上る。ミサ典書の所見台を正面にまっすぐになるように祭壇のテーブルに置いた後で、聖櫃に向かってわずかにお辞儀をして、書簡側の脇の階段を下りて、再び中央で片膝をつき、祭壇の福音書側の適切な位置に行く。

　注：ミサ典書の移動の別の方法については21ページを参照。30ページに書かれているように、Sanctusで3本目のろうそくに点火するのが慣習である場合、ろうそくはこの時に消火する。

17　祭器卓から絵の中の矢印で示された線に沿って進み、ほとんどミサの終わりまで侍者がいる位置に到着する。理解を助けるために、経路には順に番号をつけてある。

司祭が祭壇の中央でカリスを覆った時、司祭は書簡側のミサ典書の所に行き、聖体拝領唱と呼ばれる短い祈祷文を読む。次いで、祭壇の中央に戻り、会衆の方を向いて、唱える。

P.　*Dóminus vobíscum.*

　　エト　クム　スピリトゥー　トゥオー
S.　Et cum　spíritu　tuo.

　ミサ典書に戻り、司祭は聖体拝領後の祈祷文を唱える。時に2つ以上の祈祷文があるが、それぞれの終わりに司祭が次のように唱えるので注意して見聞きしているように。

P.　*Per ómnia sǽcula sæculórum.*

　　アーメン
S.　Amen.

　司祭は、次いでミサ典書を閉じて、祭壇の中央に戻り、会衆の方を向いて唱える。

P.　*Dóminus vobíscum.*

　　エト　クム　スピリトゥー　トゥオー
S.　Et cum　spíritu　tuo.

P.　*Ite, missa est.* あるいは時には *Benedicámus Dómino.*

　しかし司祭がどちらを唱えても、侍者は常に次を答える。

　　デオー　グラツィアース
S.　Deo　grátias.

注：枝の主日の読誦ミサでは、司祭はミサ典書を開いたままにするであろう。侍者はすぐに立ち上がり、中央で片膝をつき、ミサ典書を書簡の後で行ったように移動させる。

　ミサ典書が閉じられた時、侍者は跪いたままでいる。この時、司祭は祭壇の中央で立ちながら、両手をあげて、神の祝福を求める。侍者は頭を下げる。次いで、司祭は会衆の方を向いて、会衆を祝福しながら、声を出して唱える。

P.　*Pater, et Fílius,* ✠ *et Spíritus Sanctus.*

侍者は自身に十字の印をして答える。

　　アーメン
S.　Amen.

最後の福音書

　次に侍者は立ち、福音書側に行った司祭が以下を唱える時に、

P.　*Dóminus vobíscum.*

侍者は答える。

　　エト　クム　スピリトゥー　トゥオー
S.　Et cum　spíritu　tuo.

　司祭が *Inítium sancti Evangélii secúndum,* 等を唱えながら自身に十字の印をする時、侍者もまた右手の親指の腹で額・唇・胸で十字の印をして、唱える。

　　グローリアー　ティビ　ドミネ
S.　Glória　tibi,　Dómine.

39

次いで、祭壇の中央に行き、片膝をつき、司祭のビレッタを sedilia から持ってきて、書簡側で中央近くの階段の床で立つ。

福音書の朗読の間立ったままでいて、司祭が片膝をつく時に片膝をつき、福音書の終わりに唱える。

デオー　グラツィアース
S.　Deo　grátias.

18　矢印は司祭のビレッタを持ち、ミサの終わりを待つために祭壇の中央に戻るための方向を示している。

ミサ後の祈祷文の間、侍者は司祭の右側で最下段に跪いたままでいる。司祭が望む場合、司祭に祈祷文のカードを手渡す。祈祷文の終わりに、司祭とともに立ち、司祭とともに片膝をつき、司祭にビレッタを手渡し、香部屋まで司祭の前を行く（あるいは司祭の右側を歩く）。香部屋に着いたらすぐに司祭とともに十字架に向かって深くお辞儀をする。司祭が望む場合、司祭

の脱衣を手伝う。その後、福音書側の十字架から最も離れたものから始めて、祭壇のろうそくの消火を行い、瓶等を香部屋に運ぶ。

ミサ中に聖体が配られる場合にするべきこと

ミサ中に会衆に聖体が配られる場合、侍者は、司祭が聖体を拝領してカリスからパラを外した後に、瓶を持ちに行く代わりに、聖体拝領用パテナを持ちに祭器卓に行く。

侍者は聖体拝領用パテナを持ち、出発した位置に戻る。侍者が聖体を拝領することになっている場合、侍者は会衆の前に聖体を拝領する。この場合、聖体拝領用パテナを持った後に書簡側の最下段に行く代わりに、侍者は祭壇の壇に上り、中央の少し右側の端で跪く。

19 矢印は聖体拝領用パテナを持ちに祭器卓に行き、祭壇の書簡側に戻る方向を示している。

その間に、司祭は片膝をつき、聖体を指で保持しながら会衆の方を向いて、唱える。

P.　*Ecce Agnus Dei, ecce qui tollit peccata mundi.*

次いで、司祭は以下を3回唱える。

P.　*Dómine, non sum dignus, ut intres tectum meum: sed tantum dic verbo, et sanábitur ánima mea.*

　慣習がある場所では、司祭が上の言葉を唱える毎に鈴を鳴らす。次いで、司祭は聖体を配り、侍者は会衆の前に聖体を拝領する。聖体を拝領した後で、侍者は聖体拝領台まで司祭について行く。侍者は司祭の右側に歩いて行く。侍者は聖体拝領用パテナを右手で持ち、聖体を拝領する者の顎の約2インチ（5ｃｍ）下で保持する。侍者は左手を胸の上に保つ。全員が聖体を拝領したらすぐに、司祭は、祭壇に戻る前に聖体拝領用パテナを侍者から受け取るかもしれない。その場合には、侍者は書簡側の最下段に行き、跪き、聖体が聖櫃の中に納められて司祭が聖体拝領用パテナを受け取るよう侍者に合図を行うまで待つ。司祭が聖体拝領台で聖体拝領用パテナを受け取らなかった場合、侍者は司祭とともに祭壇に行き、聖体拝領用パテナを祭壇のテーブルの上に置き、書簡側の最下段に戻るであろう。司祭が聖体拝領用パテナを侍者に戻す場合、侍者は聖体拝領用パテナを祭器卓に置き、書簡側の最下段に戻る。司祭が聖体拝領用パテナを侍者に戻す場合、侍者はワインと水の瓶を持ちに行く時に、聖体拝領用パテナを祭器卓の上に置くであろう。司祭が聖体拝領用パテナを侍者に戻さない場合、侍者はワインと水の瓶を運

んだ後で、祭壇のテーブルから聖体拝領用パテナを持ち上げ、聖体拝領用パテナを祭器卓の上に置くであろう（続きは、35 ページを参照）。

死者ミサの奉仕

　侍者は、死者ミサ、すなわち司祭が黒の祭服を身につける時のミサに、普段の読誦ミサの時と全く同様に奉仕をするが、以下が例外となる。

１、最初の *Ad Deum qui lætificat* の後から３回目の *Ad Deum qui lætificat* までの応答を省き、その後、階段祈祷の通常の祈祷文を続ける（14 ページ）。

２、瓶にキスをしない（26 ページ）。

３、*Ite, Missa est* の代わりに、司祭は常に *Requiéscant in pace* を唱え、侍者はこれに *Amen* と答える（38 ページ）。

４、終わりの祝福はない。

顕示された聖体の前でのミサの侍者奉仕

　顕示された聖体の前で唱えられる読誦ミサの儀式は、以下を除き、通常の読誦ミサと同じである。

１、聖体が顕示されている場合、祭壇に到着したらすぐに、また再びミサ後に祭壇を出発する時に、両膝をつく。他の全ての膝をつく動作は片膝でのみ行われる。

２、瓶にはキスをしない。

３、*Lavabo* で司祭は祭壇の壇から床あるいは脇の階段の１つに下り、侍者は司祭が手を洗う間、司祭の方を向く。

４、ミサ中に鈴は鳴らさない。

聖体降福式での侍者奉仕

聖体降福式のために、4人の侍者が必要とされる。式典係、香炉係、及びアコライト2人である。

式典係： 式典係は他の侍者の動きの指揮者である。聖体降福式の前に、少なくとも12本の点火したろうそくが祭壇上にあり、フメラーレ・鈴・祈祷文のカードが内陣の適切な場所にあることを確認する。

香部屋を出発する時、司祭の右側を歩き、祭壇の階段に到着した時、司祭のビレッタを持つ。ビレッタをsediliaの上に置く。戻り、書簡側で祭壇の階段の最下段で司祭の近くに跪く。献香の時には、司祭とともにお辞儀をして、司祭とともに立ち上がる。司祭が香炉に香を入れる準備ができた時、香舟を右手で司祭に差し出して保持し、左手で司祭のコープを保持する。

1 司祭及び式典係、香炉係、アコライトの行列が内陣に入るところ。

2　式典係が香炉を司祭に差し出す直前に、香炉係から香炉を受け取っているところ。

香を香炉に入れた後で、司祭の右側で跪き、香炉を香炉係から受け取って、右手で鎖の上部を左手で鎖の下部を保持しながら香炉を司祭に差し出す。司祭とともにお辞儀をして、司祭が献香を行う間、両手で司祭のコープの右端を持つ。献香の後で、司祭とともに再びお辞儀をして、司祭から香炉を受け取り、香炉係に戻す。

　Tantum ergo の *Genitori, genitoque* の言葉の箇所で、司祭とともに再びお辞儀をして、聖体の献香のために、司祭とともに立ち上がる。上で述べた手順を繰り返す。この献香の後で、司祭に祈祷文のカードを手渡す。

司祭が祈願を歌っている間、フメラーレを持つ。定位置から行く際あるいは戻って来る際に片膝をつかない。司祭が片膝をついた後で、司祭から祈祷文のカードを受け取って祭壇の段に置く。フメラーレを司祭の肩に掛ける。書簡側にいるアコライトの約5フィート（1.5m）後方に行き、跪く。

　司祭が聖体で会衆を祝福して祭壇の段に戻って来た後で、再び司祭に祈祷文のカードを手渡し、フメラーレをはずして折り畳み、祭器卓の上に置く。次いで、司祭の隣に戻って跪く。司祭がカードを戻す時、カードを祭壇の段に置く。

　聖櫃の扉を閉めた時、全員に立つための合図をし、司祭のビレッタを持つ。内陣を離れる前に、全員に跪くために合図をして、司祭にビレッタを渡し、香部屋まで司祭について行く。

3　司祭が献香前に香炉を準備しているところ。

香炉係: 香炉係は香炉と香舟の管理者である。香炉（censer）は香炉（thurible）とも呼ばれる。聖体降福式の前に香炉の中で炭に火がついていることを確認する。内陣に行く時には、左手に香炉を右手に香舟を持ちながら、行列の先頭を行く。内陣で、祭壇の福音書側にいるアコライトの約5フィート（1．5m）後方で跪く。

　献香の時に、司祭とともにお辞儀をして、司祭の前に行き、祭壇の段の近くに立ちながら、香舟を式典係に渡す。右手で香炉の蓋を上げる（これが必要な場合）。司祭が香炉に香を入れた後で、蓋を閉じて、式典係の右側に行き、式典係に香炉を手渡す。次いで、定位置に戻る。司祭とともにお辞儀をする。献香の後で、式典係の右側に行き、式典係から香炉を受け取り、定位置に戻る。

　Tantum Ergo の2番目の節で、上の動きが繰り返される。

4　香炉係が聖体の献香を行っているところ。

司祭が、聖体で会衆の祝福を行うために祭壇の階段を上って行く時、祭壇前の中央、しかし階段から５フィート（１．５ｍ）離れた位置に移動する。二振り３回で聖体の献香を行う。最初に司祭がオステンソリウムを下げる時、２回目は司祭がオステンソリウムを左側に移動させる時、３回目は司祭がオステンソリウムを右側に移動させる時である。

　祝福の後で、定位置に戻る。聖櫃の扉が閉じられた後で、再び祭壇の中央に行き、司祭とともに片膝をつき、退堂の行列の先頭を行く。

アコライト：　アコライトはろうそく持ちである。聖体降福式の前に、各人は自分のろうそくに点火する。内陣への行列で、アコライトは香炉係の後ろで横に並んで歩く。左側のアコライトは祭壇の福音書側に行き、右側のアコライトは書簡側に行く。各人は司祭とともに片膝をつき、次いで、最下段で跪く。アコライトはろうそくを最下段から２番目の段に置く。

　司祭がお辞儀をする度に、アコライトはお辞儀をする。司祭が聖体の献香を行う時、式典係が他の務めを行っているか内陣のどこか他の位置で跪いている（慣習である場所で）場合には、書簡側のアコライトは司祭の右側で跪いて司祭のコープの右端を保持する。福音書側のアコライトはその場に残る。Tantum Ergo の２番目の節で、同じ手順が書簡側のアコライトにより行われる。

　司祭がオステンソリウムを持ち上げた時、福音書側のアコライトは鈴を鳴らす。司祭がオステンソリウムを持って左側を向

く時、福音書側のアコライトは再び鈴を鳴らし、司祭が右側を向く時に再び鈴を鳴らす。

　聖櫃の扉が翔じられて式典係が合図をした時、アコライトは各自のろうそくを持ち、立つ。次いで、アコライトは式典係からの合図で片膝をつき、香炉係の後ろで横に並んで香部屋まで歩く。

２人の侍者での読誦ミサの奉仕

注：以下を例外として、全ての儀式は１人の侍者がミサ奉仕を行う時と同じである。異なる状況下で、様々な場所で慣習が異なっているために、これらの指示は示唆に過ぎない。しかしながら、これらは一般に認められた典礼権威により示される規則に一致している。

第１侍者の務め
（書簡側）

第２侍者の務め
（福音書側）

ミサの始まりで
   ビレッタを受け取る
書簡で
                          ミサ典書を移動させる
奉献で
   ワインを差し出す   *水を差し出す*
Lavabo で
   手拭きを差し出す
Sanctus で
   鈴を鳴らす
Hanc Igitur で
   鈴を鳴らす
奉挙で
   カズラを持ち，鈴を鳴らす   *カズラを持つ*
Domine non sum dignus で
   鈴を鳴らす

司祭の聖体拝領の後で

   ワインを注ぐ　　　　　　　　*水を注ぐ*

ミサ典書の移動で

   カリスベールを移動させる　　*ミサ典書を移動させる*

最後の福音書でミサ典書を
移動させる場合

                   ミサ典書を移動させる

最後の福音書で

   ビレッタを持ってくる

応答	全ての応答は両方の侍者により行われる。
片膝をつく	全ての片膝をつく動きは両方の侍者により行われる
動き	１人か両方の侍者により務めが行われる時にはいつでも両方の侍者は祭壇の中央に進み、動作の前後に祭壇の床で片膝をつく。
会衆の聖体拝領で	第１侍者は41から43ページで指示されている通りに動く。第２侍者は福音書側の階段で跪く。

あとがき

　この本は1962年に米国で出版されたウイリアム・オブライエン師による How to Serve Low Mass and Benediction の日本語訳である。著者の前書きにもあるように、原書は読誦ミサの侍者奉仕をこころざす少年達のために書かれている。

　ベネディクト16世による2007年の自発教令スンモールム・ポンティフィクム SUMMORUM PONTIFICUM によるローマ典礼の特別形式ミサ（トリエントミサ）の侍者奉仕に本書が役立つことを心より願っている。

　浅学の身をかえりみず、今回、本書を発行することになった。本書中の至らない箇所について指摘をいただければ幸いである。

　本書を聖パウロ修道会の池田敏雄神父（東京）、そして至高なる大祭司であり王であるキリスト宣教会（I.C.K.S.P.）の植田勝行神父（米国サン・ノゼ市）にささげる。

2015年12月5日　　　　　　　　　　　　訳者